De puntillas en
LUGARES ESCALOFRIANTES

ESCUELAS
ESCALOFRIANTES

por Kathryn Camisa

Consultora: Ursula Bielski
Escritora e investigadora de fenómenos paranormales
Fundadora de Chicago Hauntings, Inc.

New York, New York

Créditos

Cubierta, © Zacarias Pereira da Mata/Shutterstock, © Andrey Burmakin/Shutterstock, © Akova/Fotolia, and © Deyan Georgiev/Fotolia; TOC, © libertygal/iStock; 4–5, © jackjayDIGITAL/iStock, © Jakub Krechowicz/Shutterstock, and © Maria Arts/Shutterstock; 6, © Los Angeles Public Library Collection; 7, © Los Angeles Public Library Collection; 8, © elkor/iStock; 9, © Alex James Bramwell/Shutterstock, © Menna/Shutterstock, and © RAYBON/Shutterstock; 10–11, © COLOA Studio/Shutterstock; 10, © Thomas Hawk/CC BY-NC 4.0; 11, © Lario Tus/Shutterstock; 12, © Lario Tus/Shutterstock; 13, © GrahamMoore999/Shutterstock; 14, © 2017 Google; 15, © leisuretime70/Shutterstock; 16–17, © SvedOliver/Shutterstock and © kryzhov/Shutterstock; 18, © 2017 Google; 19, © Michael Courtney/Shutterstock and © George Marks/iStock; 20, © Olga Danylenko/Shutterstock; 21, © Tatyana Vyc/Shutterstock and © George Marks/iStock; 23, © Cheryl A. Meyer/Shutterstock; 24, © Paul Orr/Shutterstock.

Director editorial: Kenn Goin
Editora: Jessica Rudolph
Traductora: Eida Del Risco
Editora de español: María A. Cabrera Arús
Director creativo: Spencer Brinker
Investigador de fotografía: Thomas Persano
Cubierta: Kim Jones

Library of Congress Cataloging-in-Publication Data

Names: Camisa, Kathryn, author. | Translation of: Camisa, Kathryn. Creepy schools.
Title: Escuelas escalofriantes / Kathryn Camisa.
Other titles: Creepy schools. Spanish
Description: New York : Bearport Publishing Company, 2018. | Series: De puntillas en lugares escalofriantes | Includes bibliographical references and index. | Audience: Ages 5–8.
Identifiers: LCCN 2017043541 (print) | LCCN 2017048304 (ebook) | ISBN 9781684026197 (ebook) | ISBN 9781684026111 (library)
Subjects: LCSH: Haunted schools—Juvenile literature.
Classification: LCC BF1478 (ebook) | LCC BF1478 .C3618 2018 (print) | DDC 133.1/22—dc23
LC record available at https://lccn.loc.gov/2017043541

Para más información, escriba a Bearport Publishing Company, Inc., 45 West 21st Street, Suite 3B, New York, New York 10010. Impreso en los Estados Unidos de América.

10 9 8 7 6 5 4 3 2 1

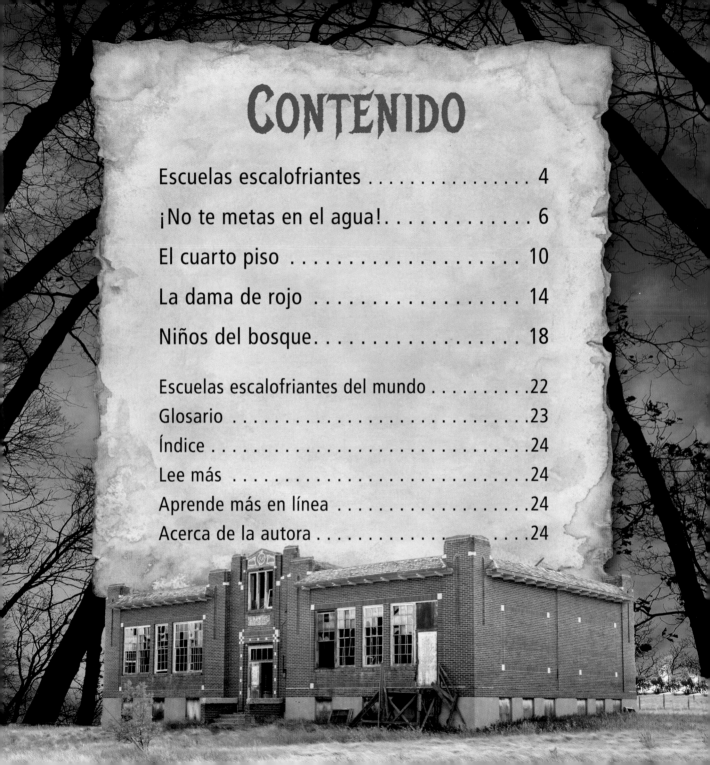

CONTENIDO

ESCUELAS ESCALOFRIANTES

El timbre ha sonado. Todo el mundo se ha marchado de la escuela, excepto tú. Estás casi en la salida cuando, de repente, se abren las puertas de todos los casilleros del pasillo vacío. ¡Craaac! Cierras los ojos mientras tu corazón late desbocado. Entonces, los abres despacio. ¡Ahora todos los casilleros están cerrados! ¿Habrá sido solo tu imaginación?

Prepárate a leer cuatro historias espeluznantes sobre escuelas escalofriantes. Pasa la página… ¡si te atreves!

¡No te metas en el agua!

Escuela Secundaria Ramona Convent, Alhambra, California

Era una cálida mañana de otoño de 1987. Los estudiantes estaban a punto de entrar a la escuela. Inesperadamente, la tierra empezó a temblar. El edificio se movió de un lado a otro. Cayeron **escombros** al suelo.

Daño a la escuela

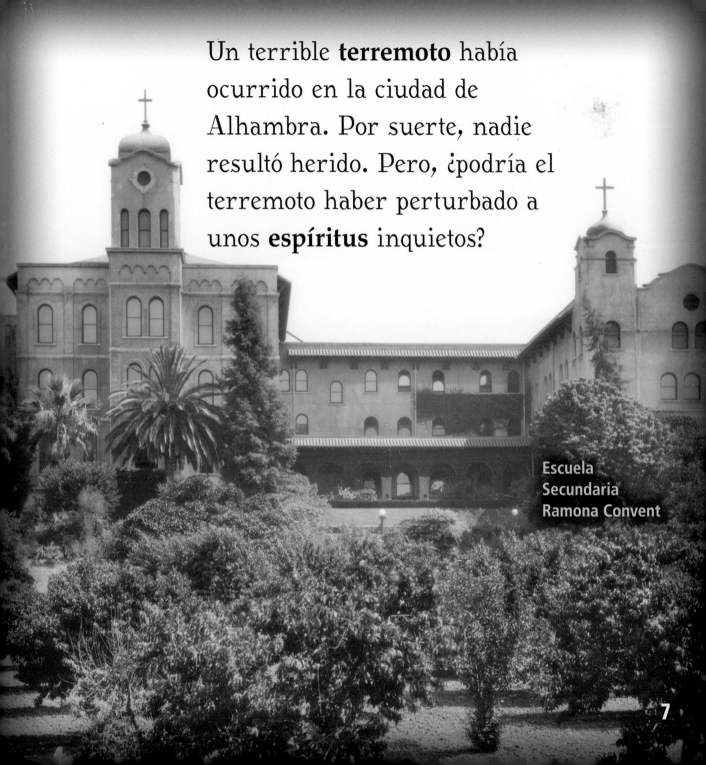

Un terrible **terremoto** había ocurrido en la ciudad de Alhambra. Por suerte, nadie resultó herido. Pero, ¿podría el terremoto haber perturbado a unos **espíritus** inquietos?

Escuela
Secundaria
Ramona Convent

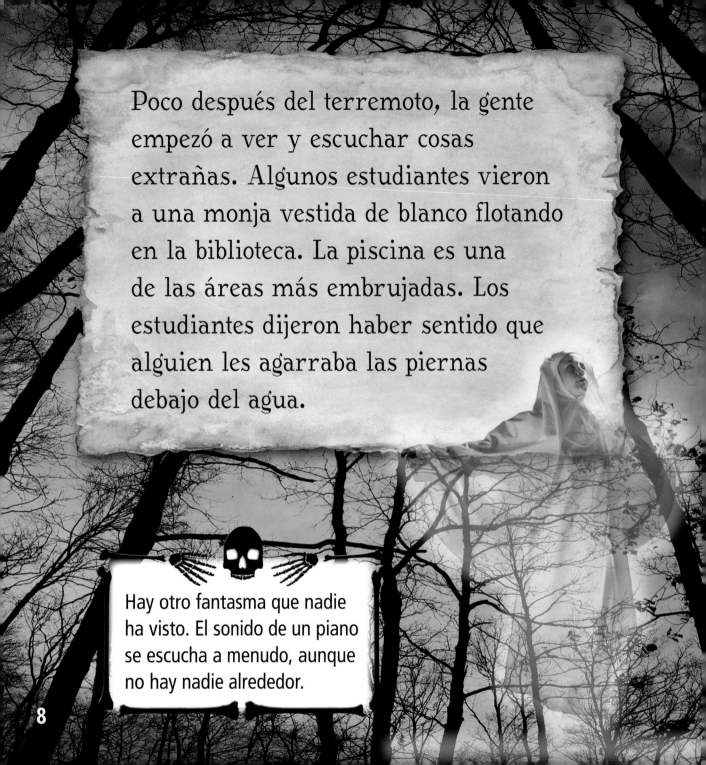

Poco después del terremoto, la gente empezó a ver y escuchar cosas extrañas. Algunos estudiantes vieron a una monja vestida de blanco flotando en la biblioteca. La piscina es una de las áreas más embrujadas. Los estudiantes dijeron haber sentido que alguien les agarraba las piernas debajo del agua.

Hay otro fantasma que nadie ha visto. El sonido de un piano se escucha a menudo, aunque no hay nadie alrededor.

Muchos creen que es el fantasma de un nadador que se ahogó en la piscina hace años. ¡Algunos estudiantes ni se acercan a la piscina de puro miedo!

El cuarto piso

Escuela Secundaria El Paso, El Paso, Texas

Algunas áreas de la Escuela Secundaria El Paso están cerradas a estudiantes y maestros. ¿Qué puede estar **acechando** tras las puertas?

Se dice que en la década de 1970 una chica saltó del balcón del cuarto piso y murió. Desde entonces, han ocurrido muchas cosas raras en el cuarto piso.

Escuela Secundaria El Paso

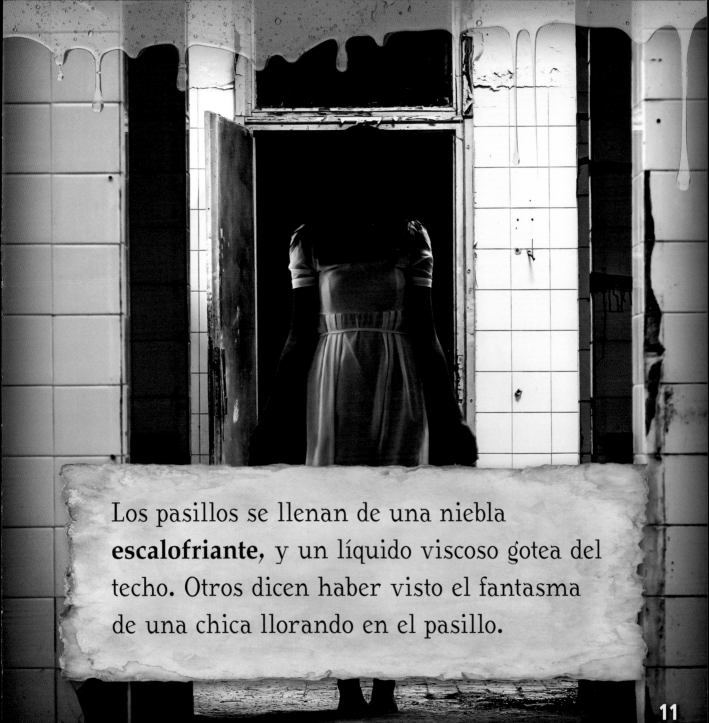

Los pasillos se llenan de una niebla
escalofriante, y un líquido viscoso gotea del
techo. Otros dicen haber visto el fantasma
de una chica llorando en el pasillo.

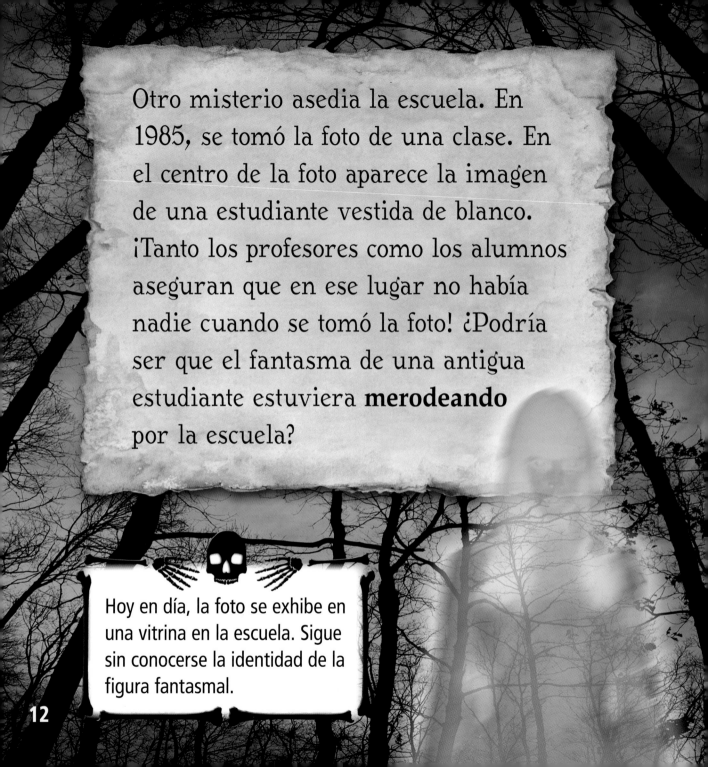

Otro misterio asedia la escuela. En 1985, se tomó la foto de una clase. En el centro de la foto aparece la imagen de una estudiante vestida de blanco. ¡Tanto los profesores como los alumnos aseguran que en ese lugar no había nadie cuando se tomó la foto! ¿Podría ser que el fantasma de una antigua estudiante estuviera **merodeando** por la escuela?

Hoy en día, la foto se exhibe en una vitrina en la escuela. Sigue sin conocerse la identidad de la figura fantasmal.

LA DAMA DE ROJO

Escuela Tat Tak, Hong Kong, China

La Escuela Tat Tak cerró en 1998. Ahora no es más que **ruinas** sombrías. Ventanas rotas y basura han **deslustrado** los salones y los terrenos de la escuela.

Hace unos años, unos adolescentes exploraron las ruinas.

Escuela
Tat Tak

Primero, se detuvieron junto a dos lápidas que había en la propiedad. Fue en ese momento que oyeron el sonido de pasos. Miraron alrededor, pero no vieron a nadie. ¡Entonces, una chica del grupo gritó!

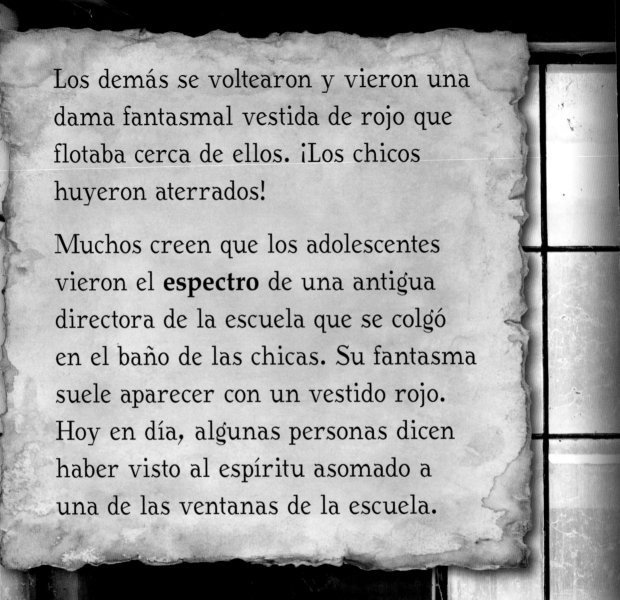

Los demás se voltearon y vieron una dama fantasmal vestida de rojo que flotaba cerca de ellos. ¡Los chicos huyeron aterrados!

Muchos creen que los adolescentes vieron el **espectro** de una antigua directora de la escuela que se colgó en el baño de las chicas. Su fantasma suele aparecer con un vestido rojo. Hoy en día, algunas personas dicen haber visto al espíritu asomado a una de las ventanas de la escuela.

¡Los residentes locales y los taxistas rehúsan manejar cerca de la Escuela Tat Tak por miedo

Niños del Bosque

Escuela Primaria Fallsvale, Forest Falls, California

Es temprano en la mañana. El sol se asoma a través de los árboles. Una niñita con un vestido rosado brillante sale de la Escuela Primaria Fallsvale. Nota algo extraño en la distancia y se queda mirando.

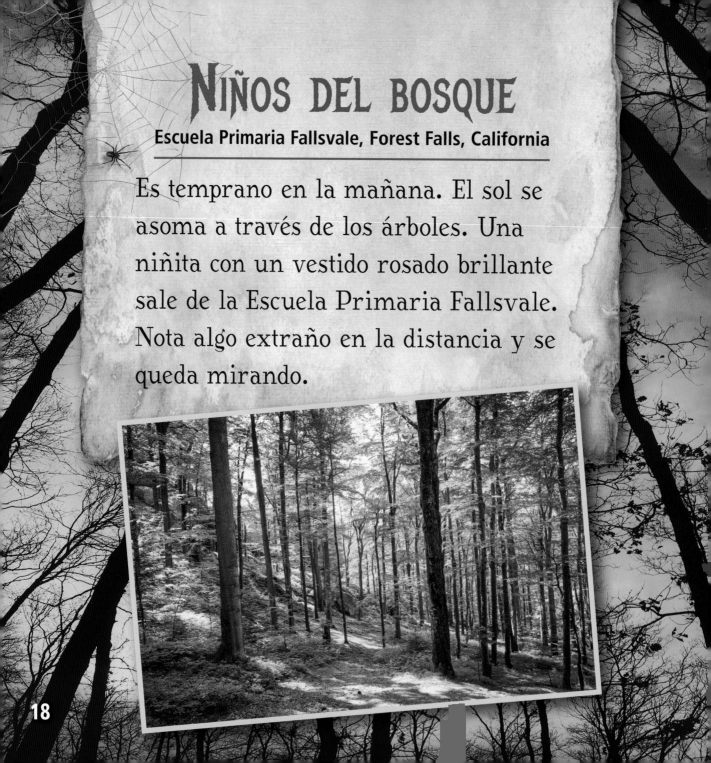

Un grupo de niños juegan junto a una cerca de madera. Sus ropas lucen antiguas y sin color. De repente, los niños… ¡desaparecen! ¿Es posible que unos fantasmas misteriosos hayan embrujado el bosque?

La Escuela Primaria Fallsvale se construyó en 1935 cerca de una escuela **abandonada**. Hoy en día, una cerca rodea el antiguo edificio. Pero la **barrera** no puede impedir que los espíritus salgan a merodear.

Muchos dicen que los fantasmas de los colegiales rondan por el viejo edificio. Ha habido muchos relatos sobre espíritus que bailan, juegan y vagan por el bosque.

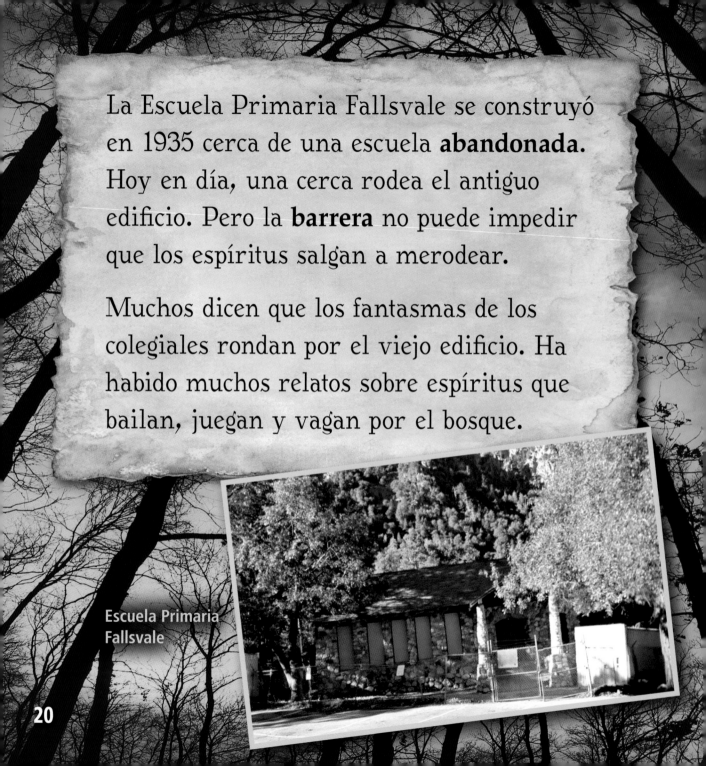

Escuela Primaria
Fallsvale

¡Hasta han interactuado con los colegiales vivos de la Primaria Fallsvale!

Los chicos de la Primaria Fallsvale no tienen miedo de sus colegas fantasmales. ¡De hecho, muchos chicos hasta conocen a algunos de los fantasmas por su nombre!

Escuelas escalofriantes
del mundo

Escuela Secundaria Ramona Convent

Alhambra, California

Descubre una escuela que es el hogar de espíritus inquietos.

Escuela Primaria Fallsvale

Forest Falls, California

Visita una escuela habitada por niños fantasmas.

Escuela Secundaria El Paso

El Paso, Texas

Explora una de las escuelas más embrujadas de Texas.

Escuela Tat Tak

Hong Kong, China

Mira esta escuela abandonada donde todavía merodea una dama de rojo.

AMÉRICA DEL NORTE

EUROPA

ASIA

océano Atlántico

ÁFRICA

océano Pacífico

océano Pacífico

AMÉRICA DEL SUR

océano Índico

AUSTRALIA

océano Atlántico

océano Antártico

ANTÁRTIDA

N

O

E

S

Glosario

abandonada que se ha dejado vacía y descuidada

acechando escondiéndose en secreto

barrera algo que bloquea el camino

deslustrado echado a perder por deterioro o descuido

escalofriante misteriosa, extraña

escombros desechos de un edificio derribado

espectro un fantasma

espíritus seres sobrenaturales como los fantasmas

merodeando quedándose en un lugar más de lo habitual o de lo esperado

ruinas restos de algo que ha sido destruido

terremoto un temblor del suelo causado por el movimiento súbito de rocas debajo de la superficie de la Tierra

Índice

Lee más

Phillips, Dee. *The Ghostly Secret of Lakeside School (Cold Whispers II).* Nueva York: Bearport (2017).

San Souci, Robert D. *A Terrifying Taste of Short & Shivery: Thirty Creepy Tales.* Nueva York: Random House (2011).

Aprende más en línea

Para aprender más sobre escuelas escalofriantes, visita:
www.bearportpublishing.com/Tiptoe

Acerca de la autora

Kathryn Camisa es una escritora que una vez se quedó en un castillo que decían que estaba embrujado. Desafortunadamente, no tropezó con ningún fantasma durante su visita.